ख़ामोशी

Nam J

BookLeaf Publishing
India | USA | UK

Made with ❤ on the BookLeaf Publishing Platform
www.bookleafpub.in
www.bookleafpub.com

Dedication

ये सारी रचनाएं मेरे प्रिय कुमार मनु को समर्पित है, जो अब इस दुनियां मे नहीं हैं l

Preface

ज़िन्दगी के सफ़र मे कुछ पल ऐसे ज़रूर होते है, जो हमे बहुत कुछ सिखा देते है । में भी अक्सर रुक जाती हूँ, उन्ही कुछ रुके हुए से लम्हों मे से मैंने कुछ लिखा है ।

वैसे ये मेरी कविताएं मेरी second innings ही hai।
ये किताब खास कर उनको पढ़नी चाहिए जो लोग जीवन से किसी ना किसी वजह से हरा हुआ महसूस करते है, मगर कुछ करना चाहते है । अभी कुछ देर नहीं हुई है । अगर में कर सकती हूँ तो हर कोई कर सकता है ।

Acknowledgements

Special thanks to all the people in my life who have helped me to become the person i am today. Thanks to those who have helped me evolve into this beautiful version of myself. And thanks to you , yes "you", who has purchased my book.

1. शोर

शोर होता है , कुछ शोर होता है ।
जब तुम टूटने लगते हो तब बहोत होता है ।
वैसे तो ये शोर कुछ "personal" सा होता है,
होता है बहोत पर सिर्फ़ तुम्हीको सुनाई पड़ता है ।
"headphones" भी पहनलो ये तब भी होता है,
तुम्हारी हर एक चीख को सन्नाटे में बदल दे ,
ये इतना भयावह होता है ।
अगर सुनो तो ये तुम्हें बहरा / बधिर बना सकता है,
मगर जब तुम चुप हो जातेहो तब ये ख़ुद ही में सिमट जाता है ।
शोर होता है , कुछ शोर होता है ।

2. एक लम्हा

बरसों से एक ख़्वाब देखा है मैंने ,
एक प्यार भरा दिल , वो प्यार भरी आँखे
ओर ज़ुबा पे हो उसी प्यार का इक़रार
जिसका था मुजको कबसे इंतज़ार ।
हो प्यारा सा लम्हा ओर
होठों पर हो वही इज़हार ,
जिसका था मुजको कबसे इंतज़ार ।
वैसे तो होता है तुम्हारे संग गुज़ारा
हर एक पल ही बहुत खास ,
पर सोचती हूँ क्या होगा
उस एक लम्हे में ऐसा खास ?
के जिसका मुजको और मेरे दिल को
है बरसो से इंतज़ार ।

3. प्यास

आँखो मे कुछ आस है, कुछ पुरानी सी प्यास है ।
वैसे तो पूरा समंदर है इसके पास बस पियु दरसन की आस है ।
अकेली सी दिखती छोटी सी एक नाव है, कभी तो वो आएगी किनारे
बस यही एक बिसवास है ।
काजल लगाके रोज़ करती इंतज़ार है, जब दरस ना हो पियुके तो
यादों कि रेत फ़ैला कर लौट जाती है ।
टकटकी लगाए जब थक जाया करती है , तब दो चार सुनामी से मन
बहलाया कर लेती है ।
तूफानों कों अक्सर बोल दिया करती है , ले आओं किनारें पर बस
वही इक नाव जो हमेशा मुझको दिखलाई दिया करती है । और कुछ
नज़ारे देखने से इनकार कर दिया करती है , थक जाती है जब पलके
जपकाने से भी ये डर जाया करती है ।गोताख़ोर कि तरह सूनामी
संदेसे ले कर आ जाया करती है , बस एक दरस की आस में ये यूही
यादों के पथ्थरों सें भिड़ कर लौट आया करती है ।

4. किसने रंग चुराए है

किसने रंग चुराए है ? - तेरी आँखो से , किसने. रंग चुराए है ..
उन कड़वीं कड़वीं बातोंने ....या उन झुठी निगाहों ने ...
उन बेशरमी सी बातोंने या उन उनकहे से वादों ने ...
किसने ? - किसने रंग चुराए है .... तेरी आँखो से।
उन कसे हुए से तानो ने या उन मोटी मोटी आंखो ने ...
उन मँझी हुईं सी बातों ने या फ़िर उन घिसीं पिटी सी नज़रो ने ...
किसने ? - किसने रंग चुराए है ? तेरी आँखो से ...
मुश्क़िल ये नही की तुझे बेरंगा सा अब जीना है ,
मुश्किल तो ये है की तुझे उन्ही चोरो के बीच मे जीना है ।
अब जा तु अपने घर वापस .. और देख अपने आंगन मे ,
देख जरा उन पोधों को , जो तुने ही लगाए थे ।
वो पौधे देख कुछ केहना चाहे, कुछ देना चाहे तुजे वो तोहफ़े,
खूबसूरत से फूल लेकर , रस्ता देख रहे थे कबसे ,
ले ले तु उनकी फूलवारी , भर ले अपनी इन आँखो मे ।
तेरा जो था सुंदर बचपन ले ले उसके सुंदर सपने,
भर ले अपनी आँखे फ़िर से, और नज़र का एक टीका लगाले ,
ताकि फिर ना कोई चुरा सके इन अँखियो से रंग तुम्हारे ...

5. तुम सूर्य बनो

तुम सूर्य बनो ।
सुंदर सा, झुका हुआ ,अस्त हो रहा साँज का नहीं,
तुम उगता हुआ, तपता हुआ , चमकता हुआ सूर्य बनो ।
चार पंछी तुम्हारी नुमाइश करे, ओर चार लोग तुम पर शायरी लिखे वो नहीं,
कोई गिद्ध भी तुम्हारे पास आने से पहले सात बार सोचे ऐसा तपता हुआ तुम सूर्य बनो ।
कोमल सा, एक बादल से भी जो ढक जाए, जो बस चार पल का हो मेहमान ऐसा मासूम नहीं,
उग्र हो जिसकी किरणे , घने बादलो से भी जिसका वज़ूद ना छिप सके ऐसा
तपता हुआ तुम सूर्य बनो ।
तुम सूर्य बनो ।

6. साँज का शोर

अक्सर शोर साँज को आता है ।
दिलो दिमाग़ मे एक सन्नाटा लेके आता है ।
जैसे जैसे अँधेरा बढ़ता जाता है , वो शोर भी गहराता जाता है ।
चार लोग जब मिलते हैं, तेरी या मेरी वो बात ज़रूर ही करते है ।
ना भी सुनना चाहो उनको , शब्द उनके सीधे दिल को छन्नी कर देते है
।
जैसे मन का सूरज ढल सा जाता है , वो शाम का सन्नाटा भी बढ़ते
जाता है ।
सुनना नहीं भी चाहो गर, वो शोर सन्नाटे को चीरता हुआ तुम्हारे पास
आ जाता है । अनसुना भी कर दो उसको , वो हर बार वही कहानी
दहोरता है ।
कभी करता है वो “judge “तुमको तो कभी “sympathy” दिखाता है
।
किसी बदमाश से बच्चे की तरह ये बहुत उत्पात मचाता है ।
तुम सन्नाटे को पार करो, उस शोर का एहसास करो,
डुबकी लगाओ ख़ुद के अंदर , तुम्हें नया सूरज दिखेगा
जब तुम्हें अपना सूरज मिल जाएगा, तो सवेरा ख़ुद ही आएगा ।
वो शाम का शोर बहुत पीछे छूट जाएगा ,ओर तेरा सवेरा फिर से
आएगा ।

7. एक पल का इंतज़ार

तेरी आहट, तेरी खुशबू
इस कदर जो भा गई मुझको,
के अब मेरी तनहाई ओर मेरी रूह
बस सिर्फ पुकारे तुझको ।
यू तो दिखता है प्यार
हर रोज़ तेरी अँखियों मे मुझको ,
बस यकीन ईतना नहीं आता
के ये प्यार किसी ग़ैर के लिए
क्यों दिखे मुझको ?
हर पल, हर लम्हा , हर महीना ओर हर साल
बस हमने किया है उसी एक
पल का इंतज़ार ,
जब हो तेरी अंखियों मे
मेरे लिये वो ही प्यार
ओर तेरे लबो पर हो ,
उस का इकरार ।

8. अमरित मंथन

सन्नाटे को तुम चीख की कैची से काट दिया करो ,
सदमे की चादर पे तुम सुकून का तकिया लगा दिया करो ।
हरियाली घास जैसी दिखनी चाहिए तुम्हारी ये ज़िन्दगी,
धरती के उदर में ज्वालामुखी दबा दिया करो ।
ठंडी ठंडी हवाए ही सुकून देती है लोगो को,
जो भी चिंगारी हो उसे मन मे ही छुपा दिया करो ।
मुसमुहाते रहा करो इस दुनिया को दिखाने के लिये,
चाहे गले में विष का घुट अटका लिया करो ।
मंथन हुआ है जब पूरी उम्र का तो थोड़ा ओर सब्र कर लिया करो ,
विष के बाद अमरित जरूर निकलेगा अपने अंदर बसे शिव पे थोड़ा
विश्वास कर लिया करो ।

9. कैसे

तुम टूट गए हो टुकड़ो मे , अब जोड़ कहाँ से लाओगे !
बिखर गए हो बूंदो मे , मरहम कहा से लाओगे !
इन तानो की भीड़ मे तुम सुकून कहा से लाओगे !
रिश्तों की अनपढ़ दुनिया में शिक्षक कहा से लाओगे !
मृत्यलोक की इस धरती पे , गुज़र जो गए उन अपनों को तुम कहा से लाओगे ?
कोई जाता है जब इस जीवन से, तुम उसकी सुगंध कहा से लाओगे !
लोग तो बहुत मिल जाएँगे बहुत , तुम अपनों का वो एहसास कहा से लाओगे !
फ़ोटो वीडियो तो देख लोगे उनके, तुम उनकी आहट कहाँ से लाओगे ?
कपड़ो को तो समेट लोगे, तुम वही आलिंगन कहा से लाओगे!
चलता था जो साथ हरदम तुम उसकी परछाई कहा से लाओगे ?
जब कोई पूछेगा "कैसे हो" तुम झूठ मे ही "ठीक हूँ" कैसे कह पाओगे?
छोटी सी इस दुनिया मे तुम कब तक मुह छिपाओगे !
जब मिलेंगे वही दोस्त , तुम कैसे अँखिया चुराओगे ?
वो पूछेंगे जब हाल , तुम कैसे बयां कर पाओगे ?

10. ख़्वाब

आज सुबह , कुछ ऐसा देखा । अब क्या बताऊ कैसा देखा !
एक जाना पहचाना सा चेहरा , मेरे क़रीब आते देखा ।
भोली सी वो आँखे देखी । प्यार भरी एक सूरत देखी ।
उसकी और देखते ही जाने मैंने अपनी जान को जाते देखा ।
बस इतना ही ख़्वाब देखा, और फिर मेरी घड़ीका 7 - बजे का अलार्म देखा ।
फिर उठ के ख़ुशी से मैंने दर्पण में अपना चहेरा देखा ।
तब समज मे आया मुझको , मैंने तो मेरे - शाहरुख़ को देखा !
बस फिर पूरा दिन यश चोपड़ा के सेट पे अपने-आप को “सिमरन” बनके जाते देखा ।

11. फिर से

जंग होती है ,हर दिन एक नई जंग होती है ।
कभी अपनों से तो कभी अपने आप से ,
हर रोज़ एक नई जंग होती है ।
अपनों से हो या अपने आप से ,
ये जंग तुम्हारी ख़ुद की ही होती है ।
पहले तो तुम्हें अपने आप से लड़ना होगा ,
खुदको खुद ही मे ढूँढना होगा ,
तुम ही मे है वो बात ,
ये यकीन अपने -आप को दिलाना होगा ।
जो बीत गई वो रात नहीं ,
तुम्हें अब नया सवेरा लाना होगा ।
तुम उठो , उठ सकते हो फिर से ,
ये विश्वास ख़ुद को फिर से दिलाना होगा ।
तुम्हारे अड़िग जज़्बे को देखकर ,
तुम्हारे अपनों को भी तुम्हें अपनाना होगा ।
बस राह चुन लो अपनी ज़िन्दगी की ,
मंज़िल को ख़ुदबख़ुद ही तुमसे मिलने आना होगा ।

12. ज़िन्दगी और में

कभी ये ज़िन्दगी मुझे बुलाती है, तो मे रूठ जाती हूँ ,
कभी मे ज़िन्दगी को बुलाती हूँ, तब वो रूठ जाती है ।
अब क्या कहे , यही तो दस्तूर रहा है इस दुनिया का,
जब मंज़िल पुकारती है तब रास्ता नहीं मिलता,
और जब रास्ता मिल जाता है, तब मंजिल ही बदल जाती है ।
इतनी सी बात अगर कोई समजा जो सके ,
की जब साँसे है तुम्हारे पास , तो समज भी जाओ यार ,
ये जो ज़िंदगी है अब तक तुम्हारे पास, तो मंज़िल होगी बहुत ही खास
,
तो फिर क्यों रूठे हो एक दूसरे से आप ? इतना तो समज ली जिए
जनाब ,
की ज़िन्दगी ओर तुम हो जैसे एक म्यान मे रखी हो दो तलवार ।

13. एक सवाल

क्या करे कोई इंसान जब लगे की बस अभी ही है अवसान !
क्या करे जब उसे शुरुआत ही लगे जैसे अंत ।
क्या करे जब उसकी ज़िन्दगी लगे एक बोज!
ना हो कोई सपना , ना सुबह तक जागने की क्षमता !
मन करता है " हे ईश्वर " तुझसे पुछू एक सवाल
इस परफ़ेक्ट सी तेरी दुनिया मे आख़िर क्या थी मेरी ज़रूरत ?
इस स्वार्थ से भरी दुनिया मे, ना है कोई अपना ना पराया!
सभी यहाँ है एक ही से, जैसे सबको " AI " वाली मशीन से हो बनाया ।
ना दिखे मुजे कोई ऐसा जिसको हो मेरी ज़रूरत , फिर तूने क्यो मुझको होगा बनाया!
फ़िज़ूल है ये मेरी साँसे, फ़िज़ूल ही है ये मेरी ज़िन्दगी ।
तभी जमीन पर रेंगता हुआ देखा एक कमला- कैटरपिलर मैंने ,
अगर ना रोकता में अपना एक कदम, उसको बड़ी बेरहमी से कुचल ही देता ,
फिर सोचा , इसमें भी तो है जीवन , क्या इसका भी होगा कोई मक़सद?
बेफिक्री सी अपनी धुन में मस्त - मगन सा घुम रहा था ।
कैसा अपने पथ पर अडिग बस वो चले ही जा रहा था !
छोटा सा ही तो था वो , अपने वज़ूद से मिट्टी में फसल उगाता!

थोड़ी शरम तो मुझको आई, में चाहु तो कुछ भी करलू,
ये बात उसने मुझको समजाई ! बड़े बड़े दिमाग़ लेकर ,
बैठ कर जो रोते रहे ,कभी ख़ुद को कभी अपने भगवान को कोसते रहे !
इससे अच्छा कुछ पुरुषार्थ करे , अपने बस में जो भी हो ,
थोड़ा- थोड़ा ही सही , कुछ ना कुछ बस कार्य करे ।
फिर ना होगा वक्त कोसने का , ना होगी कोई शिकायत !
बस जब जाँकेंगे अंतर मन मे , बनेगी अपनी नई हिकायत ।

14. सुनहरी बेड़ी

एक सुनहरी चिड़िया थी , एक उपवन मे रहती थी ।
पंख सुनहरे देख के अपने बहुत इतराती रहती थी ।
जिस इंसान से दोस्ती हुई थी उसकी , बस उसी की तलाश मे रहती थी
।
सुनहरे से तोहफ़े लेकर सबको दिखलाया करती थी ।
जब भी मिलती थी उस से अपने उपवन से भी वो मुँह मॉड लिया
करती थी ।
सुनहरी पायल पहन के छन- छन करके चलती थी ।
अब तो वो अपना उपवन छोड़ के सुनहरे महेल में रहती थी ।
धीरे- धीरे कुछ ही दिनों में वो उड़ना भी जैसे भूल गई थी ।
सुनहरी सी पायल उसको अब बेड़ियां सी लगने लगती थी ,
वो इंसान जितना हसाये बस उतना सा ही हस दिया करती थी ।
कोई मेहमान आता था जब उसकी खुशामत कर दिया करती थी ।
फिर ऐसा एक दिन आया , वो इंसान एक शाम वापस ना आया ।
बहुत देर तक सोचने के बाद उसने एक काग़ज़ उठाया ।
कहीं से एक जोका आया काग़ज़ को हवा ने ऊपर उड़ाया ।
देख कर उस काग़ज़ को उसने भी अपने पंख फेलाए ,
फिर से एक जोका आया , नन्ही खिड़की से कोई जैसे चहचहाया ,
बाहर जांक के देखा तो उसके उपवन के पंछियो ने उसको बुलाया ।
चमक गई फिर उसकी आँखे , चहकने वो लगी जैसे पहले किया

करती थी !

पायल सुनहरी फ़ेक दी उसने , ओर उसने फिर हिम्मत जुटाई ।

खो गई थी जो पुरानी , वही दुनिया उसने वापस पायी ।

समज गई वो सुंदर तोहफ़े उसकी आज़ादी की क़ीमत थी ।

सुनहरी सी वो पायल तो उसकी पेरो में बँधी बेड़ी थी ।

15. चौथ का चाँद

में तो हूँ पर मेरी रूह नहीं है ,
चौथ का चाँद तो है मगर आज उसमे कुछ नूर नहीं है ।
बोलने को तो बोल दु बहुत सी बाते ,
आवाज तो है मगर मेरी ज़ुबा पे कोई शब्द नहीं है ।
केहते है चौथ करते है पति की लंबी उम्र के लिए ,
मैंने भी तो निभाई थी ये रीत ,
मगर तुम्हारी तो पहचान भी अब मेरे पास नहीं है ।
साँसे तो चल ही रही है मेरी ,
बस इन साँसो मे अब तुम्हारा वो अहसास नहीं है ।
सोचती थी एक नया आसमान बनाऊ,
मे ख़ुद को बनालू आकाश ओर तुम्हें अपना चाँद बनालू ।
तुमने तो मेरी वो बात को कुछ सीरियसली ले लिया,
आज मेरी फ़लक पे अमावस है , चौथ का चाँद नहीं है ।
मौत जब आई थी तुम्हारे पास , थोड़ा रोक ही लेते उसको ,
मेरे पास तुम्हारे आखरी शब्द की कोई सौगात नहीं है ।
ग़म ये नहीं कि चौथ पे मेरा चाँद मुझको दिखा नहीं ,
बस ये मलाल है की तुम्हें आखरी साँस लेते हुए मैंने देखा नहीं ।

16. अँखिया

अँखिया गुरु दर्शन की प्यासी ।
भेद के सारे रिश्ते- नाते आना चाहे पास तुम्हारे ।
मेरी अँखिया ...गुरु के दर्शन की प्यासी ।
एक नहीं कई बार समझाया ,
बार - बार कछु मोह दिखलाया , माने नहीं बैरागी ।
अँखिया... मेरी अँखिया गुरु दर्शन की प्यासी ।
ढोल , नगाड़े ओर शहनाई भी बजवाया ,
मंडप के नीचे हल्दी लगवाया ,पलके ही नहीं उठाती ।
अँखिया बस गुरु दर्शन की प्यासी ।
शबरी , मीरा का जीवन सुनवाया ,
जहर के घूँटो से भी डराया , अब ये हो गई संन्यासी ।
अँखिया गुरु दर्शन की प्यासी ।
जब वो जांकी अपने भीतर ,
गुरु को पाया उसने अंदर , तब जाके वो मानी ।
मेरी अँखिया गुरु दर्शन की प्यासी ।
गुरु तो बैठे मन के भीतर ,
दीया अगर हो तेरे अंदर , गुरु है उस दीये की बाती ।
अँखिया गुरु दर्शन की प्यासी ।

17. यक़ीन

थका नहीं हूँ मैं, ना ही हारा हूँ
पता नहीं है बस की आगे रास्ता कहा है!
बोलता नहीं हूँ कुछ मगर देखता ज़रूर हूँ,
धुंध है सब जगा अभी रिश्तों की पहचान कहाँ हैं?
राज़ बहोत से खोल दिए है इस दुनिया ने ,
इसीलिए कुछ करने से पहले सोचता जरूर हूँ ।
रात तो हो ही चुकी है , अँधेरा घना है,
मेरा सूरज कब निकलेगा ये पता नहीं है!
थका नहीं हूँ मैं, ना हारा हूँ,
सवेरा होगा ज़रूर ये मुझे यक़ीन ज़रूर है ।

18. ख़ामोशी

ख़ामोशी कभी कुछ बोलती नहीं ,
हम सुने या नहीं मगर वो हमे कुछ सुनाती जरूर हैं ।
क्या कभी देखा है लता ओ को पेड़ो से कुछ पूछते हुए ?
बिन पूछे ही अपना सहारा वो पेड़ो को बना लेती जरूर हैं ।
कभी देखा है किसी painter को अपनी painting से कुछ कहते हुए?
फिर भी हर एक painting बहुत कुछ कह जाती ज़रूर है ।
ख़ामोशी कभी कुछ बोलती नहीं ,
हम सुने या नहीं मगर वो हमे कुछ ना कुछ सुनाती जरूर हैं ।
देखा है क्या कभी मूर्तिकार को अपनी मूर्तियो से बतियाते हुए?
हर एक विग्रह फिर भी लोगों को blessings देते जरूर हैं ।
कभी नहीं कोई मंदिर से कुछ कहता है बनाते हुए !
लोग फिर भी अपने सवालों के जवाब वहाँ से पाते ज़रूर हैं ।
ख़ामोशी कभी कुछ बोलती नहीं ,
हम सुने या नहीं मगर वो हमे कुछ ना कुछ सुनाती जरूर हैं ।
ध्यान में बैठा हुए योगी को क्या कभी किसी ने कुछ बोलते हुए सुना है?
यूँही चुप हो कर उसका बैठ जाना ही बहुत सारे उपदेश दे देता जरूर हैं ।
नदी , पहाड़ या झरने हमसे कुछ भी कभी कहते नहीं है,

उनके पास जाते ही मगर सुकून सा महसूस होता ज़रूर है ।
इसीलिए कहता हूँ जितना , बस उतने में ही समज लो ,
ख़ामोशी कभी कुछ भी बोलती नहीं फिर भी वो कुछ ना कुछ हमे सुनाती तो ज़रूर हैं ।

19. तितली

मैंने देखा था उस इल्ली (caterpillar) को ,
जब वो सड़ रही थी कचरे के ढेर मे ।
मैंने देखा था तब उसको
जब वो कीड़ा ही कहलाती थी ।
जब वो कुचलने से बच जाती थी ।
जब वो अपनी क़ैद ख़ुद ही सजाती थी,
ओर वो चुपके से उस क़ैद मे जाती थी ।
मैंने देखा था तब उसको ,
जब वो सूरज नहीं देख पाती थी।
ओर जब मैंने देखा है अब उसको
जब वो सुंदर रूप सजके आती है,
मैंने देखा है अब जब उसको
जब वो अपनी क़ैद से बाहर आती है,
रंग - बिरंगे पंखों से वो सब का मन बहलाती है ।
अपना सुख - चैन सब त्याग दिया था उसने
यू ही नहीं वो सुंदर सी तितली बन जाती है ।

20. वज़ूद

तुम्हे सीखना होगा ,
जब सब कुछ लगे प्रतिकूल
तुम्हें अपने वातावरण को अपने अनुकूल बनाना होगा ।
जीवन लगे जब बोझा ,
तुम्हें उस बोझे को अपने कंधों पर उठाकर
मुस्कुराते हुए संघर्ष का पर्वत चढ़ना होगा ।
जब अंधेरा छाया हो आँखो के सामने,
तुम्हें छाव से बाहर निकल कर
तपती हुई धूप मे आँख उठाकर चलना होगा ।
जब लगे की अंत बहुत ही नज़दीक है,
तुम्हें आशा का बस एक ही दीपक जलाना होगा
भले हो अंधेरा घना , तुम्हें अपने सूरज को ढूँढ कर लाना होगा ।
जब मन थक सा गया हो ,
तुम कर सकते हो, ये यकीन तुम्हें ही अपने आप को दिलाना होगा
थोड़ा सा वक़्त ज़रूर लगेगा मगर तुम्हें अपना वज़ूद ख़ुद ही बनाना
होगा ।

21. पानी

ये ज़िन्दगी एक समुंदर की कहानी है ,
रेत बह जाती है, रहता सिर्फ़ पानी है ।
रिश्ते - नाते सारे बस किनारें है,
सूनामी आती है जब रह जाता सिर्फ़ पानी है ।
लोग है यहाँ जैसे कुछ कश्तियाँ आती - जाती है,
तूफ़ान मे बह जाता है सब कुछ , रेहता सिर्फ़ पानी है ।
मन मे विचारो की लहरें निरंतर उठती रहती है,
उन विचारो की गहराई मे होता सिर्फ़ पानी है ।
मांस - पेशियाँ , हड्डियाँ जितना भी कुछ है,
पाँच तत्वों से बने इस शरीर मे सबसे ज़्यादा पानी है ।
ग़म हो कोई गहरा , या जब कोई ख़ुशी महसूस होती है,
आँखो से जो बहता है तब वो सिर्फ़ पानी है ।
ये ज़िन्दगी जैसे बस एक समुंदर की कहानी है,
रेत बह जाती है, रह जाता सिर्फ़ पानी है ।

www.ingramcontent.com/pod-product-compliance
Lightning Source LLC
Chambersburg PA
CBHW070654240926
51846CB00003BA/911
9789373147024